AF176051

Autorin

Nina Onawa, Jahrgang 1967, ist in Hannover geboren. Sie schloss zunächst eine Ausbildung zur Bankkauffrau in einer Hypothekenbank ab. Es folgten Weiterbildungen zur Bankfachwirtin und EDV-Kauffrau mit anschließender Programmiertätigkeit in einem Rechenzentrum für Sparkassen. Nach der Geburt des ersten Kindes wuchs das Interesse für die Lern-Entwicklung von Kindern und an Wahrnehmungsprozessen. 2002 absolvierte sie die Ausbildung zur Sozialassistentin und ihre Familie nahm Pflegekinder auf. Ab 2008 arbeitete Nina Onawa nach Abschluss der Ausbildung zur Ergotherapeutin als Schulbegleitung von autistischen und ADHS-Kindern. Weiterhin führte sie nebenberuflich Kurse im Kindergarten zur Sprechförderung und Aufmerksamkeit sowie LRS-Hilfe durch. 2014 schloss sie ein Studium in B. Sc. Psychologie zum Thema „Lerntheorien" ab. 2016 hat sie die Ausbildung zur Steuerfachangestellten zweijährig mit guten bis sehr guten Noten abgeschlossen. Seit Juli 2018 hat sie die Erlaubnis als Heilpraktikerin beschränkt auf das Gebiet der Psychotherapie tätig sein zu dürfen.

Von Nina Onawa sind bei BoD u.a. erschienen:

Begleitung eines Asperger-Kindes im Setting Grundschule

Mutismus: Erwachsene ohne spontane, impulsive Intuitivsprache

Na siehste, Mama! - Geschichten und Gedichte zum Nachdenken und Schmunzeln

Dialogisches Lernen: Lesen und Schreiben
Ideen-Pool bei LRS für Eltern und Kind

Mami hat mich durchschaut, so'n Mist!

- provokative Strategien mit Humortouch -

Die Ideen in diesem Buch sind von der Autorin sorgfältig ausgewählt worden. Dennoch ersetzt dieses Buch nicht die Beratung und Therapie durch dafür ausgebildete Fachkräfte. Eine Garantie und Haftung kann nicht übernommen werden.

Für eine konstruktive Kritik erreichen Sie die Autorin unter nina.onawa@t-online.de

Allein wegen der flüssigeren Lesbarkeit steht im Text die maskulin gewählte Form für eine neutrale Form, wenn eine geschlechtsunspezifische nicht möglich war.

Bibliografische Information der Deutschen Nationalbibliothek:
Die Deutsche Nationalbibliothek verzeichnet diese Publikation in
der Deutschen Nationalbibliografie; detaillierte bibliografische
Daten sind im Internet über www.dnb.de abrufbar.

© 2015 Nina Onawa, 2. überarbeitete Auflage 2021
Alle Rechte vorbehalten.

Herstellung und Verlag:

BoD - Books on Demand, Norderstedt

ISBN: 9783753459004

Dieses Buch habe ich meinen Pflegekindern zu verdanken. Erst fremde Kinder nahmen unserer Betriebsblindheit ein Ende.

Je nachdem, welche Sichtweise in meinem Fokus stand, entstanden unterschiedliche Bücher/Skripte:

- Sicht des Babys:
  „Entwicklungsschritte und Verhaltensweisen aus der Sicht des Babys und Kindes"
- Sicht des Babys und der geschwächten Mutter:
  "Meine Mami und ihre voll gestillten Frühchen" (bisher nicht veröffentlicht)
- Sicht des Kindes und der Mutter für ein auffällig aktives Kind:
  "Familien-Studie: Yoga und Ideen-Pool der Kommunikation mit einem ADHS-Kind"
- Sicht des Kindes und die familiären wie gesellschaftlichen Verflechtungen.
  "Familien-Studie: Yoga und Ideen-Pool der Kommunikation mit einem ADHS-Kind"
- Sicht des Kindes/Schülers in Gruppenkonstellationen außerhalb der Familie:
  „Begleitung eines Asperger-Kindes im Setting Grundschule. Chancen und Risiken: Einzelfallbericht einer Schulbegleiterin"
- Sicht der Eltern, um sie zu stärken:
  "Mami, hat mich durchschaut, so'n Mist!"
- Phantasiesicht des Kindes auch für das Kind:
  "Na siehste, Mama!"
  „Die Welt mit Kinderaugen"

Sie gelten als sich ergänzende Ergänzung untereinander! Hi, hi, hi.

Inhaltsverzeichnis

Der Dialog mit dem Kind ist reine Verhandlungssache!

Kindererziehung ist leicht? Wer sagt das? Es ist eine große Verantwortung für ein Lebewesen, von dem wir nicht immer Freude, Dankbarkeit, Einverständnis usw. zurückerhalten.

Kinder wollen Lachen und Spaß. Warum sollten wir Eltern erwünschte Verhaltensweisen ohne Spaß erreichen, wenn es mit Spaß leichter geht bzw. sich jeder dabei wohler fühlen wird? Denn jede negative Verhaltensweise löst negative Körperreaktionen wie unangenehme Gefühle aus.

Kinder sind keine bockigen Memmen. Nein!
Ausgekochte, pfiffige, schlitzohrige Geschäftspartner sind sie!
Wie kann nun solch ein *Tyrannosaurus* gebändigt werden?

Strategien, die Ihnen helfen, die Verhandlungstaktik Ihres Kindes wahrzunehmen und zum gemeinsamen Miteinander zu lenken, lernen Sie bald kennen.
Wahrscheinlich haben Sie schon einige Verhandlungen hinter sich. Nehmen Sie sich für den 1. Veränderungs-Verhandlungstag viel Zeit. Die folgende Verhandlung läuft womöglich bereits viel kürzer. Nach mehreren Team-Sitzungen werden die Ergebnisse immer schneller Früchte tragen. Wenn Sie am Ball bleiben!
Jeder Konflikt sei übrigens ein Machtkampf. Ich spreche jedoch nicht von einem Kampf, da dieser Gewinnergefühle weckt, sondern lieber von einem *Spiel*. Jeder Konflikt ist ein Spiel und Sie entscheiden, ob Sie das Spiel mitspielen wollen.

Übrigens ist *Konsequenz* (in der Erziehung) ein nettes theoretisches Wort, welches viele Eltern sehr wohl ausüben.

Genauso beherrscht aber auch das Kind die Konsequenz: Prallen Konsequenz und Konsequenz aufeinander, prallen sie wieder auseinander oder aneinander vorbei. Das Kind bleibt i.d.R. konsequent, da es sich als perfekter Schauspieler dumm stellen kann. Also müsste der andere Beteiligte seine Konsequenz so verpacken, dass das Kind diese nicht bemerkt bzw. es ein Angebot ist, zusammen zu finden, sonst bleiben beide im Stress.

Vor ungelösten Konflikten sollten Sie nicht weglaufen, denn ein ungelöster Konflikt führt nicht selten zu Folgekonflikten. Zwei Personen befinden sich schnell in einem Kreislauf und kaum einer nimmt wahr, warum es zu dem 1. oft auch belanglosem Konflikt gekommen ist. Das Ping-Pong-Spiel beginnt und keiner weiß mehr, wie und wo es begann. Aus diesem Kreislauf können Sie nur ausbrechen, wenn Sie nicht darauf warten, dass der andere - aus Ihrer Sicht doch "Schuldige" - den Anfang macht. Kinder sind dabei auf die Hilfe oder Vorbildfunktionen anderer angewiesen.
Wenn Sie diese Beziehung bzw. ein bestimmter Konflikt nun belastet, machen Sie sich Gedanken, wie Sie auf die andere Person zugehen können, wenn Sie es wirklich nicht im Raum stehen lassen wollen. Jedoch gibt es keine Garantie, dass es zu einer Lösung kommt. Es wird Sie jedoch beruhigen, wenn Sie für sich beanspruchen können, alles Mögliche getan zu haben. Dass *Sie* sich danach besser fühlen, steht auf jeden Fall im Vordergrund.
Welches Verhalten wird übrigens einfacher zu ändern sein? Das Verhalten anderer oder Ihr eigenes?

Kinder verzeihen und sind eher selten nachtragend.

Am liebsten wäre ich mit meinen Kindern nur im Friedensprozess, jedoch durchbrechen die Kinder diesen immer wieder. Nun weiß ich wohl, warum das auch seine guten Seiten hat und ich kann gelassener mit diesen Auseinandersetzungsphasen umgehen.

Meine Kinder werden auch verwöhnt: Wir haben gemeinsam viel Spaß, spielen zusammen, unterhalten uns angeregt, wir machen gemeinsam viele Ausflüge, die Kinder dürfen Wünsche äußern, die auch erfüllbar sind usw.

Bis! Bis es zum Ausbruch durch ein Kind kommt!

Das *Verwöhnaroma* macht übermütig. Nun wird es Zeit, wieder zu fördern, sich Mühe zu geben, damit es wieder zum Verwöhnaroma kommen kann.

So erleben wir Unterschiede: zwischen Frieden und Nichtfrieden, zwischen Freude und Nichtfreude, zwischen Verwöhnen und Nicht-Verwöhnen, zwischen Spaß und Ernst, zwischen Langeweile und Spannung.
Nur so können Kinder lernen bzw. erkennen, dass es einen Ausweg aus bedrückten Phasen gibt, dass sie sich entscheiden können zwischen zwei Wegen, dass man Freude v.a. dann hoch wahrnimmt, wenn man auch das Gegenteil spüren konnte

Sie wollen von mir eine Erfolgsgarantie?
Seien Sie vorsichtig im Glauben mit solchen Prophezeiungen.
Eine Garantie gibt es nicht, wenn es um Menschen geht.
Probieren geht daher über Studieren.
Nur, wenn Sie das Gefühl haben, dass Ihnen die Methode liegt, ist die Wahrscheinlichkeit groß, dass Sie Erfolg haben werden.

Übrigens:
Was gestern nicht funktionierte, kann heute funktionieren.
Was heute funktioniert, kann Morgen nicht mehr funktionieren.

Beobachten Sie Ihr Kind und achten Sie auf seine Strategien. Was Ihr Kind kann, können Sie auch. Kinder finden nämlich immer wieder neue Ideen, um zu einem Ziel zu kommen.

Sie sind schneller anpassungsfähig als wir. Wenn sie mit ihrem Verhalten zu ihrem Wunsch-Erfolg, der für uns nicht immer durchschaubar ist, kommen, werden sie ihre Methode weiterhin anwenden. Haben die Kinder Erfolg mit ihrer Strategie werden sie resistent gegen *Ihre gleichbleibende* Methode.

Es ist daher ein Methodenwechsel - wegen des Gewohnheits-effektes - erforderlich, wenn ein Konflikt immer wiederkehrt. Wenden Sie eine andere Methode an, müssen die Kinder erst lernen, wie sie mit dieser Veränderung umgehen können.

Wenden Sie daher *keine* Methode dauerhaft an, wenn Sie nicht mehr weiter kommen.

Für mich gibt es zurzeit 3 Ober-Strategien:

- die humorvolle Anleitung, etwas freiwillig zu tun
- die strenge, bestimmende, tadelnde und
- die provokativ verschmitzte

Konsequent sollten sie alle sein!

Eine provokativ aggressive Strategie wie "Dann hast du Pech gehabt!" lehne ich mehrmals angewendet (einmalig rausgerutscht, wird es Ihr Kind nicht schädigen) ab, ist aber auch denkbar. Aber Konsequenz und Freundlichkeit sind für eine Vertrauensbasis unentbehrlich.

Meine Schwerpunkte sind:

- gegenseitige Freude und Wohlgefühl
- Verantwortungsabgabe
- Kommunikation: verbal wie nonverbal durch
  - Rätsel
  - Gegenfragen

- o das Geben-und-Nehmen-Prinzip
- o positive Vorwegnahme/Unterstellung
- o kindgerechte Vorbereitung auf Veränderungen
- o Aufmerksamkeit weg vom Problem
- o echte Ängste erkennen und nett oder auch unnett auflösen
- o Humor

Höre! Höre auf dein Kind! Denn es sagt dir Bescheid.

Lebe
mit Kinderaugen
deine öffnen sich
für den Sinn des
Lebens

****

Grenzen
kindgerecht gesetzt
nicht für Erwachsene
sonst haben *alle* nur
Stress!

Mein Leitmotto
Seien Sie zufrieden, wenn Sie spüren,
dass Ihr Kind zufrieden ist!

Meine Strategie-Ideen

1. Strategie: Fühl dich wohl am Morgen!

Morgenstund' hat Gold im Mund. So ist es!
Freuen Sie sich, Ihr Kind zu wecken oder von Ihrem Kind geweckt zu werden.
Wie wär's mit einem **Begrüßungslied** am Morgen, um Ihr schlafendes Kind zu wecken?
"Guten Morgen, guten Morgen, guten Morgen Sonnenschein.
Hast du auch so gut geschlafen, na dann ist ja alles fein."

Einfache, selbst erfundene Texte können sich Kinder schnell merken und es ist herrlich, wenn die Kinder den Spieß umdrehen und man von ihnen so geweckt wird.

Beginnen Sie, gemeinsam zu frühstücken. Vielleicht mit einem **Tischspruch -** auch melodisch:

> Froh zu sein bedarf es wenig
> und wer froh ist, ist ein König.
>
> Froh zu sein bedarf es wenig
> und wer froh ist, ist ein Peter.
>
> Froh zu sein bedarf es wenig
> und wer froh ist, ist ein Papa.

So können alle mit Namen beteiligt und begrüßt werden.

Oder

Genießen Sie folgende **Entspannungsreise**
Lass die Sonne in dein Herz
Wenn du magst, höre eine ruhige, für dich entspannende Musik.

Lege dich bequem hin.
Schließe deine Augen, wenn du magst.
Atme einige Male langsam und ruhig durch die Nase ein und durch den Mund aus.

Nun genieße die entspannende Ruhe.

Spüre, wie dein Körper den Boden berührt. Nehme den Kontakt deiner Füße wahr.
Spüre, wie unterschiedlich sich beide Füße anfühlen.

Wandere so weiter vom Fuß bis zum Kopf.

Bitte lächeln.

Pause

Genieße die angenehme Schwere deines Körpers.

Lasse nun die Sonne in dein Herz und sei liebevoll zu dir.

Die Sonne streicht über deine Nase. Du lächelst und lässt sie herein.

Die Sonne strömt vom Kopf bis zu den Füßen durch deinen Körper.

Pause

Bitte lächeln.

Genieße die wohlige Wärme und Freude in deinem Körper.

Spüre, wie die Sonne dir Kraft gibt.

Pause

Habe nur nette Gedanken.

Sei freundlich zu dir.

Pause

Du fühlst dich wohl und genießt die Ruhe.

Bitte lächeln.

Nun werde langsam wach und strecke dich.
Öffne deine Augen und nehme deine Umgebung wahr.

Wenn du wieder da bist, richte dich seitlich auf und gehe gestärkt
in den (nächsten) Tag hinein.

2. Strategie: Spiel mit oder nicht!

Die Jetzt-erst-recht-Taktik

Sie scheint die beliebteste Strategie der Kinder zu sein!
Es sind Kinder, die sich aufgrund einer äußeren Erwartung entgegengesetzt verhalten. Womöglich sogar gegen ihren ursprünglich eigenen Willen. Die eigentliche Sachebene wird auf den emotionalen Interaktionsanteil fokussiert. Es will sich nicht sozial erwünscht verhalten. Bei Wiederholungen bzw. beim Erkennen von Absichten Erwachsener reagiert es resistent auf Belohnungen oder Bestrafungen. Die *Jetzt-erst-recht-Taktik* erklärt, warum eine behavioristisch-operante Konditionierung kein Verlass ist.

Verbote oder Zurechtweisungen laufen gegen eine Wand und verstärken das Verhalten wie z.B.
- Nase hochziehen
- popeln
- an Fingern kauen oder lutschen
- spucken
- hauen
- freche/obszöne Wörter sagen
- das Gegenteil … äußern
  - des Erwachsenen
  - seines Wunsches
    Es sagt trotzig „nein", obwohl es eigentlich doch möchte.
    Die Kinder probieren aus, etwas anderes zu tun als sie denken. Sie kontrollieren, ihre Gedanken willentlich für sich zu behalten. Also eine hoch wichtige Ressource im Umgang mit Menschen, um sie nicht seelisch zu verletzen. Allmählich werden sie lernen, es sozial passender einzusetzen.

usw.

Alles, was Sie jetzt sagen, kann gegen Sie verwendet werden.
Alles, was Sie jetzt sagen, kann falsch sein.
Legen Sie eine „Pause des Nachdenkens" ein.

Auch werden Grenzen überschritten. Kinder haben Macht über ihre essentiellen Funktionen, die sie sich naiv behütet fühlend wohl trauen:

- sprechen oder nicht sprechen
- essen bzw. trinken oder sich verweigern
- bewegen (herkommen) oder sich steif machen
- schlafen oder wachhalten
- zur Schule gehen/lernen oder verweigern

Kinder, die die Mittel der Nicht-Handlung, obwohl sie erwartet wird, rausgefunden haben, haben gelernt über Grenzen bis hin zu einer eigenen Selbstschädigung zu gehen.
Diese fatal getroffenen Selbst-Entscheidungen erfolgen anfangs willentlich und nach Wiederholungen womöglich automatisiert.

Durch die Möglichkeit der „Jetzt-erst-recht-Taktik" kann das Individuum gegensteuern und nicht-nachahmen. Dafür muss es die Möglichkeit der Nachahmung erkennen, was auch unbewusst ohne Reflexion erfolgen kann. Denn es ist einfacher, etwas Gegebenes/Bekanntes als Orientierung zu nehmen und das Gegenteil zu tun, wenn es möglich ist: Das, was ich soll, werde ich nicht tun oder das, was ich nicht soll, werde ich tun. Es ist schwieriger, sich etwas Anderes/Neues einfallen zu lassen, um etwas zu verändern.

Wann könnte ein Kind trotzen?

- Es kann noch nicht, was es soll oder es kann noch nicht, was es will.
  Hier kann man als Beteiligte (wie Eltern) gut einlenken. Warum nicht helfen, wenn es das wirklich noch nicht kann? Man kann Teilschritte erklären oder vorzeigen. Machen Sie Gezeigtes ggf. wieder rückgängig, damit das Kind es selbst wiederholen kann.
- Es will einfach nicht, obwohl es das bereits kann, weil von außen eine Grenze kommt.
  Trotzen und Grenzen gehören eng zusammen, so trotzten meine Kinder i.d.R. nur dann, wenn ich eine Grenze setzte.
- Es will, aber andere nicht. Prüfen Sie bzw. erarbeiten Sie mit dem Kind Alternativen. Ich habe oft erlebt, dass sie beim Aushandeln kompromissbereit sind, denn sie werden dann an der Lösungsfindung beteiligt.

Man darf auch nicht vergessen, dass Kinder ganz oft etwas wissen bzw. können, aber nicht wissen, wie sie es zeigen sollen bzw. es nur jetzt, weil es gewünscht wird, erst recht nicht zeigen wollen. D.h., wir können nie 100%-ig sagen, ob das Kind etwas wirklich nicht kann oder weiß!

Bocken oder nölen

Ist für mich kein Zeigen von echten Gefühlen, sondern ein Testen des Kindes, ob es das Verhalten der Eltern ändern kann. Es liegt an Ihnen, ob Sie das Spiel mitmachen und wie Sie mitspielen. Sind Sie eigentlich für den Bock (oder die Zicke) Ihres Kindes zuständig? Warum anstecken lassen?

Denn Bocken oder nölen ist ein Schau-Spiel!

Ist Bocken schon immer da gewesen oder eine moderne Züchtung? Weil unsere Kinder wissen, dass wir viele ihrer

Wünsche eigentlich erfüllen können, aber nur nicht wollen. Ist die Versuchung nah, geben sie nicht so schnell auf. Bereits Zweijährige verändern bewusst ihr Verhalten, wenn sie zu einem Ziel kommen wollen. Auch Babys können Wünsche wahrnehmen - wie Flasche statt Brust fordern - und „bockig" bzw. enttäuscht wegen ihrer nicht erfüllten Erwartung weinen.

Spiel das Spiel mit
Schau, was dein Kind macht. Lerne von ihm, du kannst es auch. Verstärke das Verhalten des Kindes:

Ahmen Sie Ihr Kind **nach**:
"Ich mache gleich mit."
"Du hast das Trampeln vergessen. Los noch kräftig trampeln."
"Du bist viel zu leise. Du musst noch lauter schreien. Los, los, lauter."

Oder fordern Sie Ihr Kind zum **Weitermachen** auf - *auch melodisch:*
Wenn du meinst,
dass Nölen hilft, dann nöle weiter.
oder
Wenn du meinst,
dass Hauen hilft, dann haue weiter.
oder
Wenn du meinst,
dass Schreien hilft, dann schreie weiter.
oder
Wenn du meinst,
dass Trampeln hilft, dann trampel weiter.
oder
Wenn du meinst,
dass Nölen hilft, dann nöle weiter.

… aber nicht hier!

Dieser Spruch stammt von meinem Sohn, dem ich dafür sehr dankbar bin. Er freute sich über mein Lob und bemerkte sein Eigentor zum Glück noch nicht.
Ihr Tonfall sollte dabei verschmitzt cool klingen. Wiederholen Sie immer wieder Ihre Aussage.

Oder Erlauben Sie es, wie in meiner Geschichte aus dem Buch "Na siehste, Mama!":

Die Popelliese
Am Frühstückstisch popelt Liese kräftig in der Nase. Irgendetwas scheint sie dort zu suchen, aber selten zu finden!
"Sag' mal, warum popelst du eigentlich schon wieder?" fragt die Mutter von Liese.
Liese reagiert nicht, denn sie weiß es selber nicht.
"Macht dir das denn so viel Spaß?"
Jetzt nickt Liese.
"Dann habe ich eine prima Idee. Du kannst dir aussuchen, ob du nach dem Frühstück oder nach dem Abendbrot *eine ganze Stunde* popeln willst - ohne, dass Mama oder Papa schimpfen!"
 "Oh, ja. Kann ich gleich anfangen?"
"Gerne. Schau auf die Uhr. Es ist 9 Uhr. Bis 10 Uhr kannst du ungestört in deiner Nase bohren. Ich lasse dich auch ganz in Ruhe. Denn es ist ja deine Nase."
Die Mama geht ins Schlafzimmer, um die Betten zu machen.
Nach 10 Minuten kommt Liese hinterher: "Mama, wann ist die Zeit denn rum?"
"Keine Sorge. Du kannst noch ganz, ganz lange popeln. Ich sage dir dann Bescheid."
Nach 20 Minuten wird es Liese langweilig und sie ist lieber zum Spielen auf ihr Kinderzimmer gegangen.

Seitdem keiner mehr schimpft, popelt sie nur noch, wenn es wirklich in der Nase kitzelt.

Spiel das Spiel nicht mit!
Lass dich nicht anstecken

Bleib cool, Mama!
Bleib cool, Papa!

Stellen Sie sich diesen Leitspruch in Gedanken immer wieder vor und denken Sie dabei schmunzelnd an Ihr Kind.
Vielleicht klappt es dann bald auch in Live-Situationen.
Ihr Kind würde staunen, wenn Sie plötzlich laut vor sich her sagen: "Bleib cool, Mama."

Oder
wie wär's mit der **Prick-Kur?**
Diese Prick-Kur können Sie anwenden, wenn Ihr Kind seinen Lieblingssatz: "Ich will nicht" übertreibt. Auch Sie haben ein Recht zu sagen: "Jetzt will ich nicht."
Drehen Sie den Spieß also um: Was Ihr Kind kann, können Sie auch! (Vielleicht hat Ihr Kind es sogar von Ihnen gelernt?!)
Fragen Sie provokativ nett: "Du möchtest bei mir zusehen? - Du möchtest etwas essen? - Du möchtest mit mir spielen? - Möchtest du auf den Schoß? - Möchtest du einen Film sehen?"
Individuell wie es gerade passend ist.
Warten Sie die Antwort Ihres Kindes ab. Meistens sagt es "Ja.", denn Sie sind ja nett dabei und Ihr Kind denkt, Sie werden ihm gleich eine Freude machen.
Nun sind Sie an der Reihe: "Ich möchte jetzt aber nicht! ... mit dir spielen."
"Ich möchte jetzt aber nicht! ... dir etwas zu essen machen."
"Ich möchte jetzt aber nicht! ..., dass du mir zusiehst." usw.

Wenden Sie das Spiel als einmalige Serien-Kur z.B. für die nächste ½ Stunde an. Ihre vielen "Neins" müssen hintereinander auf Ihr Kind wirken, einmalig zwischendurch angewendet, ist es hoffentlich gewohnt.

Bleiben Sie cool und schauen Sie verschmitzt selbstbewusst Ihr Kind an.

Oder

wie wär's mit "**Teste den Magneten**"?

Blickkontakt gibt Sicherheit. Er wird aber auch zu einem Spiel genutzt. Will ein Kind bei einem Spaziergang nicht mithalten, achtet es darauf, Sie im Blick zu haben. Solange es diesen Blickkontakt hat, fühlt es sich sicher und kann Vieles ausprobieren. Z.B. kann es sein, dass es langsam wird, sobald Sie langsam werden. Wollen Sie warten, um dem Kind eine Chance zu geben, kann es sein, dass es auch stehen bleibt. Gehen Sie jedoch, geht es auch.

Sind Sie aus dem Blickfeld, wird es sich mit großer Wahrscheinlichkeit anstrengen, Sie schnell wieder zu erreichen.

Trauen Sie sich also, die magnetische Anziehungskraft zu testen und gehen Sie einfach weiter.

Oder
Nutze die Waffe des Kindes und tauche in Phantasiegeschichten.
Das Blubber-Mäuschen
Sabine hat viel Spaß am Klönen. Sie hört am liebsten ihre Stimme. Manchmal merkt sie gar nicht, dass die Mama nicht mehr zuhört. Eigentlich schade! Denn so hat sie ganz umsonst geredet.

Bald reicht es Sabine und sie möchte wissen, was mit Mama los ist. Munter testet sie ihre Mama: "Mama, ich danke dir, dass ich heute länger aufbleiben kann."
"Länger aufbleiben?" Oh, Mama wurde wach. "Was meinst du damit?"
"Hast du nicht gemerkt, dass ich dich danach fragte? Und du hast tatsächlich *Ja* gesagt!"
"Nein, nein, nein, das glaube ich nicht. Ich war eben mit meinen Gedanken ganz woanders. Ich habe gar nicht zugehört, was du gesagt hast."
"Oh, das ist aber nicht nett. Du kannst mir wenigstens Bescheid sagen."
"Du hast recht, Bine. Ich werde dir jetzt immer erzählen, wann sich meine Ohren mal ausruhen und schlafen. Und wenn sie wieder wach sind, melde ich mich sofort. OK?"
Sabine war damit einverstanden. Da sie nun wusste, wann die Ohren schliefen und wieder wach wurden, konnte sie diese Zeit auch mal still sein.

So wird die Verantwortung auf einen Gegenstand wie Ohr abgegeben, statt ein bloßes "Nein, es ist zu viel", zu sagen.

3. Strategie: Gefühle gehören in den Bauch

Weltuntergangsgefühl

Haben Sie solche? Bloß aufheben, bloß aufheben!
Machen Sie Ihr Leben nicht zu kompliziert. Grenzen setzen ja, aber nicht wegen „Kleinigkeiten".

Wie fühlen Sie sich, wenn Ihr Kind im Winter auf dem Spielplatz die Gummistiefel gezielt oder unbewusst verliert und quietsch-vergnügt im Sand spielt?
Keine Sorge, die Welt geht noch nicht unter. Sie brauchen diese Gefühle nicht im Voraus zu simulieren. Schieben Sie dieses Gefühl mit Hilfe einer Bauchatmung durch 3x tief Luft holen oder einer Handlung, wie das Kind stumm anziehen, weg.

Spielt Ihr Kind gerne mit Wasser und Matsch?
Ist Ihr Kind wieder barfuß gelaufen? Übrigens sehr gesund für die Füße.
Tut es Ihrem Kind weh, dreckige Füße zu haben? Tut es Ihnen weh? Wohl kaum!
Hatte Ihr Kind viel Spaß dabei? Aus welchem Grund wollen Sie ihm diesen Spaß an "natürlichen Dingen" vermiesen?
Sie müssen es sauber machen und haben keine Zeit? Wieviel Zeit haben Sie gewonnen, weil Ihr Kind sich alleine beschäftigt hat, weil Ihr Kind lernt, sich über alltägliche Dinge zu erfreuen?
Haben Sie Spaß daran, wenn Sie jetzt schimpfen werden? Wie fühlen Sie sich, wie Ihr Kind? Wird es jetzt trotzig? So trotzig, dass Sie noch mehr ausrasten könnten? Wozu? Nur weil Sie zu bequem sind, die Füße sauber zu machen? Dann lassen Sie diese doch einfach so. Spätestens beim nächsten Baden sind sie wieder sauber. Außerdem tut es keinem weh.

Haben Sie Ihr Gefühl verdaut?
Sind Sie voller Energie geladen, können Sie diese durch direkten Körperkontakt z.B. an Ihr Kind weitergeben! Gehen Sie mit dieser Wut Ihr Kind an der Hand zerrend vorwärts, macht es mit seiner Wut womöglich fleißig weiter. Dann stecken Sie sich wahrscheinlich gegenseitig immer wieder an. Fassen Sie daher evtl. nur den Jacken-Ärmel des Kindes an oder *„Testen Sie den Magneten"* (s. S. 21) oder lassen Sie Ihre Kraft in der Hand, aber nicht das Energie***gefühl***, welches im Bauch bleiben sollte, indem sie kurz die Aufmerksamkeit auf Ihren Bauch lenken. Das Gehirn folgt Ihnen und regt dort Aktivität und Durchblutung an.

Im Magen/Darm können Gefühle verdaut werden.
Denken Sie einfach öfters - gerne auch vorbeugend - liebevoll an Ihren Bauch. Wandern Sie dabei gedanklich mit einem inneren Lächeln zu Ihrem Bauch. Sie können dabei von innen oder von außen schauen, wie es für Sie angenehmer ist bzw. wie es automatisch geschieht. Durch das Denken an den Bauch, wird automatisch in den Bauch geatmet.

Sind positive wie negative Gefühle erlaubt?
Kinder haben mir gezeigt, dass es möglich ist, von einem nervlichen Verhalten zum anderen kompromissfähigen Verhalten umzuschalten, wenn sie es umgekehrt auch können. Trotzdem sind sie mit sich zufrieden und verzeihen. Weiterhin werden Sie von Ihrem Kind geliebt!
Warum soll ich mich also nicht mehr lieben, wenn ich mal wütend bin? Auch ich habe gelernt, zu schimpfen und anschließend wieder fröhlich zu sein. Auch ich habe gelernt, in wütenden Momenten mein Verhalten zu akzeptieren und mich wieder bzw. weiterhin zu mögen.

Meine einfachen Gebote an die Eltern

Wenn Ihnen die vielen Tipps zu kompakt sind, helfen Ihnen womöglich folgende Regeln

1. Freundlich bleiben, evtl. mit Humor.
   Allein Gedankenspielereien mit "Bleib cool, Mama!" helfen. So schmunzeln und lachen Sie und schütten Glückshormone aus. Bei dann guter Laune sind Sie nicht so angreifbar, wie bei schlechter Laune.
2. Fehler eingestehen und sich entschuldigen, vor allem, wenn Gebot 1 verletzt wurde.
3. Reden, nachfragen, wiederholen, zuhören. So erhöhen Sie die Chancen, sich in die Lage der anderen Person reinzuversetzen.
4. Vorbild sein, auch, wenn Ihr Kind das Gegenteil macht. Unbewusst wird das Positive am Vorbild registriert und später (evtl. als Erwachsener) womöglich doch noch umgesetzt.
5. Geben Sie also nie auf!

4. Strategie: Fragen oder nicht fragen?

Haben Sie auch ein Blubber-Kind?

Dann sei immer schön brav und antworte, denn sonst hören sie nicht auf, immer wieder dasselbe zu fragen. So ein Quatsch!
Frage *du* dein Kind Löcher in den Bauch. Es weiß bereits sehr viel und kann selber nachdenken.

Wir hinterfragen einfach zu wenig, womöglich weil es in der Kindheit durch zu vieles Fragen von Erwachsenen gedämpft wird. Denn Eltern wollen brav antworten, sind irgendwann evtl. überfordert, statt gegenzufragen und festzustellen, welche Antworten das Kind selbst finden kann.

Gegen **Blödel-Fragerei** hilft meine Frage "**Was meinst du?**" wie in folgender Geschichte:
Lisa beobachtet Mama immer wieder gerne, wenn sie das Mittagessen vorbereitet. Sie kennt bereits viele Zutaten und weiß, was die Mama so braucht.
Aber trotzdem kann sie es nicht lassen und stellt immer wieder dieselbe Frage: "Mama, was machst du da?"

Tagelang hat Mama brav geantwortet:
"Ich schneide Gemüse für unser Mittagessen klein."
Tagelang macht Lisa das Frage-Antwort-Spiel mit Mama Spaß.
Aber plötzlich antwortet Mama gar nicht mehr brav. Oh!
Sondern sie stellt eine Frage: Ah!
"Was meinst du?" will sie nun von Lisa wissen.
Hatte die Mama etwa gemerkt, dass es eine Blödel-Frage war und Lisa die Antwort eigentlich wusste?
Brav antwortet Lisa auf Mamas Frage. Das machte die Mama sonst ja auch. Also wollte sie auch mal nett sein.
Und ein dickes, kurzes Lob von Mama kommt hinterher:
"Treffer", sagt sie dann. "Treffer."

Na, schon wieder im Hellseher-Fieber?
Kennen Sie schon den Tyrannosaurus-Satz fast aller Kinder? ***"Ich habe Durst."***
"Ich habe Durst" ist nur eine *Aussage*!
Flitzen Sie dann und geben Sie etwas zu trinken? Im Kleinkindalter zu sagen: "Durst." oder "Habe Durst." ist sicherlich akzeptabel, aber mit 3 Jahren nicht mehr. Fallen Sie immer noch drauf rein? Reagieren Sie sogar falsch? Ist Ihr Kind mit Ihrer Entscheidung nicht einverstanden, weil Sie das falsche Glas geben oder das falsche Getränk oder weil es selbst einschenken möchte ...?
Willkommen im Club!

Lassen Sie Ihr Kind auflaufen und reagieren Sie nur, wenn es deutlich genug sagt, was Sie tun sollen. Ein Dreijähriges kann mit mehreren Silben fragen, ob es etwas bekommen kann. Ist Ihr Kind bereits 4 Jahre alt, brauchen Sie sich keine Sorgen mehr machen, dass es das ja noch nicht kann und Sie springen müssen. Es liegt an Ihnen, die Ausdrucksweise Ihres Kindes genauer zu trainieren. Ich vermute stark, dass wir dann viele Sprachstörungen nicht mehr hätten. Nehmen Sie sich selbst Zeit, um langsam, deutlich und in ganzen Sätzen zu sprechen und halten Sie dabei Blickkontakt, so oft es möglich ist.

Das "Ich-habe-Durst-Spiel" ist nur eine **Aussage** und **keine Frage** an Sie! Sie brauchen sich also gar nicht angesprochen zu fühlen. Fordern Sie Ihr Kind, selbst Lösungsideen zu finden. So übertragen Sie die Verantwortung auf das Kind. Denn Kinder lehnen gerne aus reiner Trotzreaktion die Ideen der Eltern ab.

In meiner folgenden Geschichte wird es noch mal deutlich:
Ich verdurste gleich, oder nicht?!
Jeden Abend das gleiche Spiel:

Der vierjährige Max ist noch nicht zufrieden, um schlafen zu gehen. Irgendetwas vermisst er. In den letzten Tagen schien er bald zu verdursten, immer wieder klagte er jammernd, als er bereits im Bett lag: "Ich habe Durst!"

Mama war auch die ersten Abende sehr geduldig und gab Max aus dem Zahnputzbecher Wasser zum Trinken. Putzigerweise trank Max nur ein paar Schluck. War er wirklich so durstig?

Aber jeden Abend quengelte er so sehr, bis Mama lief und ihm etwas gab. Und da es für Mama nur 2 Minuten Zeit kostete und danach Ruhe einkehrte, machte sie Max sein Spiel geduldig mit.

Aber, sagte Max der Mama überhaupt, was er von ihr wollte? Er sagte: "Ich habe Durst." Das kann viel bedeuten: "Ich möchte, dass du mir Wasser bringst." "Ich möchte mir noch Tee aus der Küche holen." "Ich möchte meine Flasche ans Bett haben." Die Mama hatte bisher also viel Glück gehabt, dass sie einen Treffer landete. Aber nun wollte sie das Spiel nicht mehr mitmachen. Ihr fiel nämlich auf, dass Max noch nicht einmal fragte, was er von ihr wollte.

Daher sagte sie heute Abend nur: "Ich habe es gehört und nun?"

Ups, Max war überrascht, begriff aber, was Mama wollte und fragte ganz nett: "Mama, kannst du mir bitte Wasser geben?"

"Nein, Max. Du weißt ja, wo es ist. Du darfst noch einmal aufstehen und trinken. Schlafe schön." Und die Mama ging in ihr Zimmer.

Zwei Abende fand es Max noch spannend, alleine aufstehen zu dürfen. Aber danach wurde es ihm doch langweilig, weil Mama nicht mehr mitspielte, also blieb er in seinem warmen Bett liegen und fühlte sich zufrieden.

5. Strategie: Nein! Es reicht!

Woher lernen die Kinder eigentlich, nicht aufzugeben?
"Komm mal her und iss erst einmal ein Stück Kuchen."
"Nein."
"Nee? Nun los, ein paar Happen."
"Nee."
"Spielen kannst du danach, nun los."
"Nein."
"Wenn du jetzt nicht isst, hast du bestimmt gleich wieder Hunger. Also los!"
"Nee."
Jetzt wird der Löffel bereits gefüllt und im Stehen schnell gereicht.
"Probier mal: Hm, schmeckt doch lecker."
Jetzt geht endlich der Mund auf.

Später:
"Ich möchte einen Keks."
"Nein, jetzt nicht."
"Ich möchte aber einen."
"Später vielleicht."
"Nein, jetzt."
"Nein."
"Doch. Ich will einen Keks."

Haben wir Eltern unserem Kind etwa antrainiert, das Nein nicht Nein bedeutet?
Oder sagen unsere Kinder Nein, weil wir es Ihnen so oft vorsagen?

Wenn ich "Nein" sage, spreche ich von mir: "Ich möchte nicht ..."
Ich äußere meine Gefühle und meine Meinung. Ich gebe die

Verantwortung an das Kind ab, zu entscheiden, ob es sich weiterhin widersetzt oder ob es sich meiner Meinung anschließt. Das Kind entscheidet dann, mit welchem Gewissen es leben möchte. Somit erhöht es das Training des Nervenkitzels im Kleinkindalter: Mache ich etwas Unerlaubtes oder lieber nicht?! Diese Möglichkeit als Elternteil habe ich dann, wenn es um Dinge geht, in denen ich nicht die Verantwortung übernehmen *muss*. Seien Sie mutiger und testen Sie Ihr Kind, bevor Sie tadeln.

Seien Sie achtsam, ob eine Begründung zu nennen, erforderlich ist, sonst öffnen Sie Toren für zig Gegenfragen.

Immer noch zu viel Geld?
… für Süßigkeiten, für ein zweites Auto, für Fertigmenüs, für Handys, für neue Computer und Spiele?
Auch Sie werden bald merken, dass dies ein teurer Luxus ist. Und wenn Sie sich diesen nicht mehr leisten wollen, können Sie auch konsequenter und erleichterter Nein sagen und das Bocken wird weniger. Nicht nur das Bocken wird sich ändern. Unsere Kinder werden sich auch wieder mehr bewegen und respektvoll mit dem Essen umgehen, da Sie es vormachen werden und die Versuchung fehlen wird, von etwas zu naschen, was sowieso nicht da ist.

Den Umgang mit Überfluss müssen alle noch lernen. Nein-Sagen wird eine andere Qualität bekommen und wir Eltern müssen die Angst verlieren, dass die Kinder es sich dann woanders holen.

Apropos Süßigkeiten
Wer hat eigentlich den Blödsinn in die Welt gesetzt, dass wir Eltern den Kindern täglich eine bestimmte Ration geben sollten und ein Verbot nicht hilft? Meine Kinder nutzten das fehlende Nein und die Versuchung ständig aus. Sie bettelten an allen Stellen, wo sie einmal Erfolg hatten und die gab es oft: Omas,

Freunde, Nachbarn. Keiner sagte Nein. Alle gaben sie fleißig den netten Kindern. Auch die Vollwertkost nahm den Heißhunger nicht, denn es war einfach "Versuchung", die lecker schmeckt.

Übertragen Sie die Verantwortung auf Ihr Kind: Süßigkeiten werden selbst vom Taschengeld gekauft. Seitdem die Aufmerksamkeit bei uns weg war, ist auch keine Versuchung oder Verlangen mehr bei meinen Kindern da gewesen.

Warum soll ich auch der Problemlöser und Spender sein?

6. Strategie: Nimm dir Zeit oder nicht!

Lässt sich Ihr Kind eine Palette Wünsche v.a. beim Zubettgehen hintereinander einfallen? wie

- Ich habe Durst (s. S. 27).
- Ich will aufbleiben.
- Ich bin nicht müde.
- Ich war noch nicht pinkeln.
- Ich habe noch Hunger.
- Ich habe noch nicht die Zähne geputzt.
- Ich suche noch ein Kuscheltier.

können Sie dem Willen nachgeben oder nicht. Geben Sie dem Willen nicht nach und die Palette wird größer, ist dies bereits das Spiel des Kindes nach Aufmerksamkeit. Und dass Sie den Willen nicht erfüllen, stimmt nur scheinbar. Denn sein Wille zum Mitspielen wird so erfüllt!

Übertragen Sie die Verantwortung auf Ihr Kind. Wo ist die Frage? Vorsichtshalber sollten Sie antworten, wie: "Ich habe es gehört." oder "Ich weiß Bescheid." als schnelle Paletten-Killer.

Also weg mit der Aufmerksamkeit
Mein Sohn, ein Hibbeldihopps-Kind.
Ich immer schlechtes Gewissen: mein Kind - zu wenig Aufmerksamkeit!
Er ja sicherlich hat, das Defizitsyndrom. Wieso ist's noch zu wenig?
Dabei ich so viel Zeit für ihn gehabt, denn er war 1. Kind.
Weil Spielkameraden fehlten, ich mit viel Spaß wieder zum Kind werdend, meine Kindheit nachholend mit ihm gespielt.
Hatte er Fragen, ich stets brav geantwortet und er hatte viele Fragen.
Bald wusste er alle Antworten und war einfach nur noch am

Reden. Ich solche Ohren.

Wurde es ihm langweilig, habe ich mir ein neues Spiel einfallen lassen.

Wo war nur das Defizit?

Es gab keins.

Zu viel Aufmerksamkeit bekam er, viel zu viel.

Reiche den kleinen Finger und es wird genommen die ganze Hand. Schade, schade.

Viele Jahre/Monate dachte ich als junge Mutter, dass sich das Aufmerksamkeitsdefizit von ADHS auf das Verhalten der Mutter bezog. Woher dieser Irrtum kam, kann ich nicht mehr herleiten.

ADHS-Kind?

Was ist das? Ich nicht kennen und noch nicht gesehen?

Ich sage auch gerne temperamentvoll und sprunghaft. Hyperaktiv passt auch, denn es sagt eigentlich nur aus, dass jemand sehr aktiv ist. Was ist daran so negativ? Legen Sie einen positiven Blick drauf, sind Sie in anderer Stimmung, die einerseits ansteckend wirken kann und andererseits sind Sie durch angenehmere Gefühle in Ihrer Denkleistung nicht so sehr blockiert, um Lösungen finden zu können. Jedoch hat der Begriff einen störenden oder sogar krankhaften Touch bekommen.

Woher lernen die Kinder nun das "Springen?"

Springen wir Mütter oder andere vielleicht zu schnell, wenn das Kleinkind etwas von uns will?

Sagen wir zu selten, erst erledige ich dies und dann mache ich das? Konzentrieren wir uns denn auf eine Sache?

Haben wir womöglich zu viel Zeit, um zwei Dinge gleichzeitig zu tun, indem wir z.B. neben Wäsche zusammenlegen auf das Problem des Kindes eingehen?

Das Motto für äußere Ordnung könnte lauten: Erst dies, dann das! Der Erwachsene als Vorbild muss anfangen. Verlange nichts von deinem Kind, was du selbst nicht kannst oder macht gemeinsam ein Spiel daraus. "Komm, wir beide üben das jetzt. Gemeinsam können wir uns anspornen."

Äußere Ordnung wirkt sich positiv auf die innere Ordnung aus. Dabei ist Weniger Mehr:
Das Spielzeugangebot wird immer umfangreicher, bietet aber zu wenig Einsatzmöglichkeiten, um den eigenen Erfindungsgeist anzuregen. Wie können Sie sich eigentlich entscheiden, wenn Sie vor Ihrem prall gefüllten Kleiderschrank stehen? Helfen Sie dem Kind mit dem Überangebot klarzukommen.

Nun folgen zwei "Erst-dies-dann-das-Geschichten":

Der verwirrte Vater
Bei Nico sieht es im Zimmer mal wieder sehr wüst aus. Aber aufräumen möchte er auf keinen Fall. Das ist immer so langweilig.

Die Eltern haben keine Lust, sich ständig mit ihrem Nico auseinanderzusetzen, daher erzählten sie Nico in gemütlicher Runde bei Kerzenschein eine Geschichte über Eltern, die wohl etwas durcheinander sind:

Der Vater fängt an, den riesigen Berg Geschirr abzuwaschen. Als das Geschirr in der Spüle liegt, fällt ihm ein, dass er das Mittagessen vorbereiten möchte. Nun beginnt er, die Zutaten rauszuholen und legt sie auf die Arbeitsplatte. Das Geschirr bleibt einfach liegen und fühlt sich ganz nass und traurig.
Irgendwie hat der Vater keine Lust mehr. Immer muss er

34

Schnippeln, weil die Mama erst später von der Arbeit kommt.
Jetzt möchte er lieber den Rasen mähen und die Küche sieht wie ein Schlachtfeld aus. Ob die Mama wohl noch ihre Sachen wiederfindet?
Erst mäht er alle Ränder, dann fällt ihm ein, dass er die Hunde vergessen hat, die unbedingt raus müssen. Der Rasenmäher bleibt mitten auf dem Rasen liegen und der Rasen sieht putzig aus, so halb gemäht.
Die Hunde freuen sich natürlich, dass es endlich losgeht. Unterwegs fällt dem Vater ein, dass er ...

Was könnte dem Vater wohl noch passieren?
Habt ihr schon einmal solche Eltern gesehen?
Wisst ihr noch, was er alles liegengelassen oder vergessen hat?

Bist du traurig?
Wenn dein Spielzeug reden könnte, dann ...

Ach nein, du arme Puppe, da auf dem Boden!
Hat man dich einfach vergessen? Möchtest du angezogen werden?
Willst du in dein Bettchen?

Ach nein, du armes Auto, da auf dem Boden!
Spielt keiner mehr mit dir? Möchtest du zurück in deine Kiste?

Ach, du armes Spiel, da auf dem Boden!
Bist du ganz durcheinander? Möchtest du wieder mit deinen Freunden zusammen sein? Soll ich dich in deine Schachtel packen und in dein Regal legen?

Ach, du armes Buch, da auf dem Boden!
Ist jemand einfach über dich rüber gelaufen? Tat dir das sehr weh?
Will dich keiner mehr ansehen? Soll ich dich zu den anderen

Büchern bringen, damit du nicht mehr so alleine bist?
Ach, ihr armen Steine, da auf dem Boden!
Ihr seid so durcheinander, dass ihr euch nicht mehr finden könnt!
Wie sollt ihr da eine Burg werden? Soll ich euch wieder zusammen in eine Kiste packen?

Wie fühlt sich wohl Spielzeug, wenn es einfach so liegt?
Kinder identifizieren sich gerne mit "lebendigem" Spielzeug.
Geben Sie dem Spielzeug Stimmen:
"Bitte spiel' mit mir." oder
"Bitte räum mich zurück, es ist hier so kalt."
Aufräumen sollte Spaß machen:
Wie wär's mit einem Lied oder Musik dazu?
Wie wär's mit Team-Arbeit?
Wie wär's mit "Nach dem Aufräumen können wir essen." in einem freundlichen, aber konsequenten Ton nach dem Motto
"Erst dies, dann das"*.*

7. Strategie: Motivation bzw. Eigen-Verantwortung

Wir sind abhängig von der Motivation bzw. der Begeisterungs-/ Freudeansteckung durch andere. Fehlt diese, können wir sie zwar selbst ersetzen und sollten es auch unbedingt tun. Aber sie hat nicht die Wirkung, als käme sie von einem anderen. Müssen wir uns jedoch selbst motivieren, ist die Chance groß, dass wir mit unserer Eigenfreude wieder andere begeistern und uns so Dank z.B. durch ein Lächeln eines älteren Menschen entgegengebracht wird. Also: Sind *wir* motiviert, können wir andere so anstecken, dass wir davon doch noch profitieren können.

Verständnis für Zahlen, Farben, Formen, Wörter, Gefühle, Unterschiede, Richtungen usw. heißt nicht, dass alles gekonnt werden und richtig sein muss, sondern, dass man das Prinzip verstanden hat.

Motivations- und Verständnisentwicklung wirken sich auf die Leistungsentwicklung aus.

In der Praxis bedeutet das
- Eigenmotivation durch Verantwortungsübernahme und Spaß
- (Sinnes)Anregungen
  - in der Natur, Bewegung an der frischen Luft
  - Kochen, Backen, Genussessen
  - Experimente
  - Anregungen zum Nachdenken und Erinnern wie Rätsel, Fragen und Gegenfragen

Positive Vorwegnahme/Placebo-Effekt

- im Voraus etwas Positives unterstellen bzw. vorstellen -

Bei negativen Verhaltensweisen spiele ich diese positiv zukünftig verlaufend gedanklich durch und erzähle den Kindern hiervon, i.d.R. in der Frageform. Schon wollen die meisten Kinder dem Positiven tatsächlich nacheifern. Hier wird deutlich, welchen Einfluss Erziehung hat und positiv wie negativ vor allem bei Kindern zur selbsterfüllenden Prophezeiung (Placebo-Effekt) werden kann, wie folgende Fall-Beispiele zeigen:

Beteiligte ich mich im Kindergarten in Rollenspiele der Kinder, konnte ich Konflikte spielerisch lenken.

Einige Kinder funktionierten bei einem Adlerspiel einen Autoreifen als Nest um. Ein anderes setzte sich rein und wollte absichtlich das Spiel beenden. Ein Streit begann. Nachdem ich sagte: "Oh, schaut mal, da ist ja das Junge aus dem Ei geschlüpft. Ob das jetzt wohl Hunger hat?" änderte sich die Sichtweise der gestörten Kinder. Die Kinder spielten gemeinsam an dieser Idee weiter, denn das störende Kind wurde nicht getadelt, sondern integriert.

Ronny Mau Mau war nicht integriert. Er benahm sich behindert, wohl weil er wegen seiner Gesichtsausdrucksweise durch Sehprobleme und als Sonderling wegen seiner Frühgeburt als behindert behandelt wurde. Er sah Vorteile in dieser Rolle und bekam so Aufmerksamkeit. Seine eigentlichen Talente wurden nicht erkannt. Dabei waren die Kinder nicht nachtragend und sofort bereit, ihn zu integrieren, wie folgende zwei Beispiele verdeutlichen:

Ronny Mau Mau schüttete Sand auf den Gehweg, was er eigentlich nicht durfte. Nun fuhren 2 weitere Jungen mit ihren großen Baufahrzeugen drüber weg. Sie ärgerten sich über Ronny Mau Mau und schimpften mit ihm, wegen des Sandes. Ronny

Mau Mau wollte weiter spielen und fühlte sich gestört. Es drohte zu eskalieren. Ich rief nur: "Ach, seid ihr an eurer Baustelle angekommen? Ihr Bauarbeiter wolltet Ronny Mau Mau wohl helfen, den Sand auf eure Fahrzeuge zu laden?" Und schon spielten sie zusammen.

Kaufmannsladen: Ronny Mau Mau versuchte mitzuspielen und kaufte einen Deckel ein. Klein Erna ging hinterher und nahm den Deckel einfach weg. Ronny Mau Mau kam traurig weinend zu mir. Ich sah zum Glück, dass Klein Erna die Dose zum Deckel suchte und bekam so die Idee, Ronny Mau Mau hörbar für Klein Erna zu ermuntern: "Schau mal, Klein Erna wollte dir noch den Deckel zur Dose bringen. Geh hin und kaufe wieder ein."
Genau wusste ich natürlich nicht, ob Klein Erna ihm die Dose tatsächlich geben wollte.
Ein ähnliches Wegnehmen wiederholte sich und ich tat stets so, als wenn das wegnehmende Kind etwas Gutes vorhatte. Da es dieses hörte, reagierte es auch so. Und schon spielten sie zusammen.

Übrigens erinnere ich noch, dass Ronny Mau Mau, wie aus dem Nichts heraus, schrie und um sich schlug und trat. Er durfte sich dann auf den Rücken legen und gegen die Wand treten. Andere Kinder beteiligte ich zu helfen und ein Kissen zu holen.

*Ich gebe zu, dass dies eine Beeinflussung meinerseits ist, aber besser als die negative Unterstellung und das Tadeln. So erhalten die Kinder ein **Alternativ-Angebot**.*
Ob dies vom Kind angenommen wird, ist eine andere Sache. So haben die Kinder jedoch zwei Alternativen und können entscheiden, ob sie ihren ursprünglichen Weg verfolgen, der aus Erziehersicht negativ war oder die angebotene positivere Idee annehmen.

Behaupten Sie doch das Gegenteil!
"Ich glaube nicht, dass du das kannst." Solche Sprüche reizen Kinder, das Gegenteil zu beweisen. Jedoch kommt es auch auf den Tonfall an. Es darf nicht negativ klingen, sondern muss einen ermutigenden Touch haben. Auch sollten Sie danach dieses Kind anlächeln und damit loben, dass es das doch kann.

Kinder ermuntern: "Was, das kannst du/schaffst du schon? Ich fasse es nicht!" Und schon wächst der Stolz noch ein Stückchen mehr. Es hebt das Selbstbewusstsein für weitere Erfahrungen.

Haben Sie vergessen, Ihr Kind zu fragen?
Horchen Sie in Ihr Kind rein, ob es Ihren Hilfe-Einsatz überhaupt möchte!
Schlagen Sie (fast) immer das Falsche vor, dann hören Sie mal zu, wie das der Papa in meiner Geschichte *"Was hast du bloß?"* löst:
"Aua, aua, aua", weint Mirco immer wieder.
Er wird sogar wütend und schreit dabei.
Vater Sascha fragt ihn immer wieder, was er hat.
"Wo tut es denn weh?" "Was ist los?" "Nun sag es schon."
Aber Mirco weint weiter.
Der Vater möchte Mirco anfassen, um nach einer Verletzung zu suchen. Mirco wehrt ihn wütend ab.
Nun weiß Vater Sascha nicht mehr, wie er Mirco helfen soll, denn er kann einfach nichts sehen und hat auch nicht mitbekommen, was passiert ist.

Eine Idee fiel dem Vater noch ein. Er fragt Mirco: "Mirco, was möchtest *du* nun machen?"
"Ich brauche eine Wärmflasche."
Endlich war Mirco wieder ansprechbar.
"Wer soll sie dir machen?" will der Vater nun wissen.
"Papa, kannst du mir diese füllen?"

"Okay, dann lege dich in dein Bett. Ich komme gleich."

Mirco beruhigt sich und geht tatsächlich auf Vater Sascha wartend in sein Bett.
Nun ließ er sich helfen, genoss die Ruhe und die Bauchschmerzen verflogen ganz schnell.

Passiert es Ihnen öfter, dass Sie helfen wollen, aber alle Vorschläge von Ihrem Kind abgelehnt werden? Achten Sie mal drauf, ob Sie Ihr Kind nach seinen Wünschen fragen, dann kann es nicht immer wieder mit "Nein" gegenreagieren und Sie erhalten die Chance zu entscheiden, ob es möglich ist.

Zählt Mühe eigentlich oder etwa nicht?

contra-Mühe-geben
Jeder hat einen anderen Geschmack! Stärken Sie Ihr Kind, sein eigenes "Produkt" anzuerkennen. Beobachten Sie stets: "*Wie* macht es mein Kind? Hat es Spaß, ist es mit Freude dabei?" Dann gibt es sich auch seine beste Mühe.
Wissen Sie nicht, wie ihm das fertige "Produkt" gefällt, halten Sie sich zunächst mit Ihrem Urteil zurück und fragen Sie zuerst Ihr Kind: "Wie gefällt es dir? Wie fühlst du dich dabei? Bist du mit dir zufrieden?" Kommen Sie darüber ins Gespräch, was sie so alles Besondere erkennen und fragen Sie z.B.: „Ist das etwa ein Hase?" Die Kinder haben dann einen Anhaltspunkt, werden zustimmen oder einen korrigieren.

Also "Hauptsache es macht Spaß"
Die Geschwister Maria und Sebastian haben von ihrer Mama Motive zum Malen von window-colour bekommen.
Es macht ihnen sehr viel Spaß, so schnell ein eigenes buntes Bild zaubern zu können. Aber Mama gefiel nicht, dass Sebastians

Farben verliefen. Er könne doch besser aufpassen!

Sebastian schaut enttäuscht, er hatte sich doch so viel Mühe gegeben und Spaß gehabt.

Nun bekam er von Papa Verstärkung: "Weißt du was, Peter. Mir gefällt dein Bild. Wenn es Mama nicht gefällt, soll sie sich doch selbst eins machen."

Peter strahlte wieder über beide Backen: "Genau, Papa."

Fröhlich und voller Stolz klebte Peter sein Bild an sein Kinderzimmer-Fenster.

pro-Mühe-geben

Was hilft beim *Trödel-Syndrom*?

Manche Kinder müssen zur Mühe angespornt werden.

Denn es gibt tatsächlich Kinder, die zu bequem bzw. zu bequem geworden sind:

Haben Sie Angst davor, dass Ihr Kind verhungert, wenn es mal nicht mit isst?

Trödeln beim Essen zuzulassen, trainiert das Trödeln. Trödeln beim Anziehen und bei den Hausaufgaben sind dann nicht weit.

Kinder müssen lernen, dass es feste Zeiten gibt, um mit Trödelfolgen umgehen zu können. Denn durch Trödeln sollte auch etwas verpasst werden. So lernen sie auch mit Frustrationen umzugehen, wenn sie mal etwas verpassen bzw. nicht bekommen. Denn die Realität ist auch mal ungerecht. Und Strafe ist sowieso relativ. Was Sie nicht als Strafe empfinden, empfindet Ihr Kind noch lange nicht ebenso.

Trainieren Sie "Mühegeben" dann, wenn Ihr Kind etwas von Ihnen will. Kinder können dann kaum zu glaubende Raketen werden. Hilfreich ist wieder die Methode: "Erst dies, dann das!"

Sich schwächen und das Kind dadurch stärken
"Ich kann das gar nicht. Weißt du, wie das geht?"
"Ich schaffe das nicht alleine, hast du Kraft mir zu helfen?"
Dieses Wort "Kraft" hören Kinder evtl. lieber als z.B. Vitamine
und hat doch die gleiche Bedeutung. Mit anderen Worten, manchmal sind es nur die benutzten Begriffe, die etwas Unerwünschtes
auslösen. Auch „lernen" ist nicht selten negativ besetzt.

Wie können Sie bei "**Pech**" reagieren?
Lachen Sie, damit das Kind erkennt, dass es nicht schlimm ist und
mit Spaß gelöst werden kann. Selbstlachen nimmt anderen
nämlich das Auslachen. Aber *gleichzeitig* ermuntern: "Komm, wir
versuchen es gleich noch einmal. - Möchtest du es diesmal
vielleicht so ausprobieren?" - oder "Hast du eine andere Idee?"

**Das Geben-und-Nehmen-Prinzip*: aushandeln*
Übrigens, ohne Probleme hätten die Menschen nichts mehr
auszutauschen, auszuhandeln und zu verändern.

Es gibt Kinder, die *von mir* etwas wollen: Jetzt ist es für mich
leichter, Regeln zu setzen, nein zu sagen oder etwas gemeinsam
auszuhandeln.
Es gibt Kinder, *von denen ich* etwas will: Jetzt wird es
schwieriger, dies vom Kind zu wünschen, zu erwarten oder zu
verlangen. Hier liegen die meisten Konflikte zwischen Erzieher
und Kind.
Begreifen die Kinder das Wechselspiel zwischen Geben und
Nehmen, können Wünsche und Erwartungen untereinander ausge-
tauscht werden.
Setzen Sie kindgerechte Grenzen durch Regeln, die an
Bedingungen und/oder Ritualen geknüpft sind.

Wie können Sie bei **Streit** reagieren?

Die Empfehlung, sich in Geschwisterstreit nicht einzumischen, kann ich nicht mehr teilen. Viel mehr stelle ich mir die Frage, *wann* sollte ich eingreifen (denn die Kinder sollen ihre Chance bekommen, es selbst zu lösen) und vor allem *wie* sollte ich eingreifen. Denn ein Nicht-Eingreifen bedeutet stets Nicht-Helfen. Und jeder Geschwisterstreit ist ein nicht unüblicher Zweierstreit. Vielleicht liegt hier der Grund für die Hemmschwelle bei Streit auf offener Straße - sogar mit Gewalteskalation - oder Unfällen nicht zu reagieren und stattdessen zuzuschauen (Bystander-Phänomen). Wir lernen es nicht!

Not-Situationen sind für uns so unvertraut, dass das Gehirn in die Lähmung geht, weil es kein bekanntes Reaktions-Muster findet. Und wenn sich alle so verhalten, kommt auch keine Nachahmung für eine Deeskalation in Gang.

Dabei ist der Geschwisterstreit eine Möglichkeit mit gewohnten/ vertrauten Menschen in vertrauter Umgebung das taktvolle Eingreifen zu üben. Erfolgt keine Bestätigung kann eine Hilfean-forderung verstummen. Vielleicht auch ein Anzeichen dafür, dass Menschen sich nicht trauen, Hilfe anzufordern. Jedoch würde es das "Hilfegeben" von Bystandern in Not-Situationen erheblich erleichtern, denn nach Aufforderung - möglichst mehrerer - helfen die Menschen auch eher.

Das Ping-Pong-Spiel

Tagelang liegt Teddy alleine in der Ecke.

Till räumt sein Zimmer auf und entdeckt Teddy. Achtlos wollte er ihn in eine Schublade packen. Das sieht seine Schwester Marie, die sofort Interesse an Teddy zeigt.

"Hey, gib mir den Teddy!" und schon schubst sie Till, um an Teddy ranzukommen.

Till wird wütend und schreit Marie an: "Ich hatte Teddy zuerst gefunden."

44

Marie war das egal. Nun kämpften beide um den Teddy.

Das laute Schreien, Weinen und Hauen war nicht mehr zu überhören. Da es nicht ruhiger werden wollte, kommt die Mama der beiden ins Zimmer geschneit. "Na, spielt ihr wieder Ping-Pong?"
Woher die Mama wohl weiß, dass beide bockig waren und sich gegenseitig immer wieder ärgern mussten?!
Es wusste sowieso keiner mehr, wer angefangen hatte. Jeder gab dem anderen die Schuld und die Mama hatte keine Lust mehr, Detektiv zu spielen, um den Schuldigen zu finden.
Denn eins stand fest, nach jedem blöden Ping-Pong-Spiel folgte auch wieder ein nettes Geben-und-Nehmen-Spiel.
Deswegen hält sich die Mama nur noch kurz angebunden, wenn der Streit zu heftig wird.
"Na, darf ich mitspielen oder wollt ihr lieber alleine weiter pingen und pongen?"

Nutzen Sie einen **Abschieds-Spruch?** wie
"Sei schön lieb", wünscht sich die Mama beim Abschied.
Wünscht sie es sich selbst oder wünscht sie es dem Kind?
"Ja, Ja", sagt das Kind.
"Hi, hi: Nein, nein, nein ...", denkt das Kind.

Bei welchen Kindern wenden Sie diesen Spruch an?
Bei lieben Kindern oder Kindern, die immer wieder nicht lieb sind?
Wirkt dieser Spruch nun oder nicht?
Nicht!? Na, dann kann er getrost wegfallen. Blödsinn lässt sich übrigens hinterher klären, denn er lässt sich durch Ihren Wunsch i.d.R. nicht beeinflussen.

Sagen Sie lieber: "Ich wünsche dir viel Spaß."

8. Strategie: Benimm dich oder nicht!

"Benimm dich!"

Wer tut dies schon "richtig"?
Fahren Sie 50 km/h durch den Ort?
Hilft das "einfache verbieten"?

Nur zu oft übernehmen wir für andere die Entscheidung, ein Störverhalten zu ändern, ohne eigentlich zu wissen, wen es überhaupt stört und reagieren ggf. nur aus anerzogener Benimmgewohnheit. Die Kinder bemerken es oft nicht, aber sie werden aus ihrem Tun rausgerissen, wenn ein Erwachsener tadelt und somit stört *er* eigentlich!

Benehmen ist relativ, denn jeder empfindet anders. Kinder bekommen zu viele Benimmgrenzen in erster Linie nur aus Rücksicht vor den Blicken anderer.
Machen Sie sich Gedanken, wo Sie lockerer sein können.
Was könnte wie gelockert werden?

Wenn Sie nicht sicher sind, ob es den anderen überhaupt stört, fragen Sie einfach! Verbieten Sie z.B. Ihrem Kind nicht im Voraus einen Menschen im Wartezimmer zu „stören", ermuntern Sie Ihr Kind, diese Person selbst zu fragen.
Beispiel: In einer Gaststätte liefen Kinder - auch lachend und redend - hin und her. Die Kinder wurden von Eltern ermahnt, ruhig zu sein, da sie die Gäste störten. Dabei sind sie nur vergnügt rumgelaufen. Also bat ich die Kinder, die sitzenden Gäste selbst zu fragen. Und sie taten es auf eine freundliche und fröhliche Art und keiner blickte mehr böse. Es herrschte eine gelöstere Stimmung nur durch die persönliche Ansprache und Aufmerksamkeit der Kinder *für die Gäste*.

Übrigens hat jeder eine andere Sichtweise, wie die nachfolgende Esel-Geschichte erzählt (von mir abgewandelt; im Internet zu finden):

In der Geschichte vom Vater, dem Sohn und dem Esel geht es darum, dass der Vater als erster auf dem Esel reiten durfte. Jedoch beschimpften ihn die Leute des Egoismus. Daraufhin ließ er den Jungen auf den Esel. Nun hieß es, wie kann der junge Bengel seinen alten Vater nebenher rennen lassen. Danach entschieden sie sich, gemeinsam auf dem Esel zu reiten. Entsetzt riefen Leute: „Tierquälerei!" Nun hatten sie genug und trugen den Esel gemeinsam. Jetzt wurden sie kräftig ausgelacht: So etwas Dummes hätten sie noch nie gesehen. Sie sollten es doch so oder so machen, wurde heiß diskutiert.
Daraufhin sprach der Vater die weisen Worte: "Es ist offensichtlich egal, was wir machen, es wird immer jemanden geben, dem es nicht gefällt. Ich glaube, wir sollten das tun, was wir für richtig halten!"

Nutzen Sie daher Ihre Familie, um Probleme innerhalb der Familie zu klären.

Mitzuschwimmen kann jedoch erleichternder sein als gegenzuschwimmen.

Ein humorvoller Gegen-Schwimmer-Versuch ist mein *Schade-Prinzip*
(für Erwachsene statt einer Jetzt-erst-recht-Taktik)
Wenn man sich im Recht ärgert, verbales Auseinandersetzen mit dieser Person aber nur zu noch mehr Spannung führt, können Sie Folgendes denken oder mutig zunächst gegenüber vertrauten Personen äußern:

Schade, dass du so denkst.

Schade, dass du das glaubst.

Schade, dass du so schlecht gelaunt bist.

Schade, dass du so müde bist.

Schade, dass dich das stört.

Schade, dass du dir das Leben so schwer machst.
Mein lieber Freund. Es ist nicht schlimm. Du bist ja auch nur ein erzogenes Kind.

Wenn Sie sich trauen, es laut zu äußern, wird der Effekt verstärkt, wenn Sie die Person dabei anfassen bzw. streicheln.
Womöglich kommt es zu einem ansteckenden Lachen.

Das beliebte Wörtchen "Bitte" wird sowieso nur missbraucht
Der freundliche Fritz
"Ich will ein Eis haben", bettelt der kleine Fritz trotzig. Der Vater mag diese Bettelei nicht und erinnert Fritz an das Zauberwort und an das Wörtchen *möchte*.
Fritz versucht es nun freundlicher: "Papa, ich möchte bitte ein Eis haben." Selbstverständlich bekommt Fritz nun sein Eis.
Da Fritz nicht dumm ist, weiß er nun, wie seine Wünsche erfüllt werden können.
Zukünftig fragt er freundlich, wie: "Mama, ich möchte ein Bonbon haben, bitte." oder
"Mama, ich möchte jetzt bitte fernsehen." oder
"Papa, ich möchte noch nicht ins Bett, bitte."

Nun wird es Zeit, dass sich die Eltern Gedanken machen, wie sie

weiterhin die vielen Wünsche ihres netten Kindes erfüllen sollen.
Sie meinen, der kleine Fritz ist jetzt nicht mehr so klein und wird verstehen, wenn sie ihm erklären, dass doch nicht alle Wünsche erfüllbar sind.

"Fritz, weißt du, wir bewundern, dass du so freundlich geworden bist. Es gibt aber Wünsche, die Wünsche bleiben sollten bzw. müssen. Denn es gibt Wünsche, die Geld kosten und irgendwann ist unser Geld alle. Es gibt auch Wünsche, die krank machen und dann machen wir uns große Sorgen um dich. Daher achten Mama und Papa darauf, dass die Wünsche auch gut für dich sind. Vielleicht können wir den Wunsch ein anderes Mal erfüllen, für heute hattest du schon einige von uns erfüllt bekommen."

9. Strategie: Nimm es so hin, wie es ist oder nicht!

Was gestern nicht funktionierte, kann heute funktionieren.
Was heute funktioniert, kann Morgen nicht mehr funktionieren.

So ist es!
Hexentag

Hexentag, Hexentag, la, la, la, la, la.
Oh, bin ich froh. Oh, bin ich froh, dass es dich auch mal gi-ibt.
La, la, la. La, la, la. Oh, bitte immer wieder.
Ja, ja, ja. Oh, ja, ja, ja, du lieber Hexentag.

Hexentage gibt es.
Je nach eigener Laune schafft man sie mal mit Humor, mal mit Stress pur. Nervige Minuten werden wie eine Ewigkeit empfunden. Tatsächlich nachgerechnet waren es vielleicht nur 10 Minuten Auseinandersetzungen mit dem Kind, aber man ist für den ganzen Tag erledigt.
Alle Hexentage lassen sich nicht weghexen. Es wird immer welche geben, aber vielleicht bringen Sie meine Ideen auf eigene Ideen oder Sie haben sogar Erfolg mit manchen Ideen von mir.

Was halten Sie von dieser weisen Geschichte (von mir abgewandelt; im Internet zu finden)?
"Glück oder Unglück?"

Es war einmal ein alter weiser Bauer, der gemeinsam mit seinem Sohn einen kleinen Hof bestellte. Sie besaßen nur ein Pferd, welches den Pflug zog. Eines Tages lief das Pferd davon. "Welch ein Unglück", riefen die Nachbarn. "Glück oder Unglück", antwortete darauf der weise Bauer, "man weiß es nicht." Eine Woche später kehrte das Pferd aus den Bergen zurück und brachte drei weitere wilde Pferde mit in den Stall.
"Welch ein Glück", riefen die Nachbarn. "Glück oder Unglück",

antwortete wieder der weise Bauer, "man weiß es nicht."

Am nächsten Morgen wollte der Sohn eines der Wildpferde zähmen und zureiten. Er fiel vom Pferd und brach sich ein Bein. "Welch ein Unglück", riefen die Nachbarn und wieder sagte der Bauer: "Glück oder Unglück, man weiß es nicht."

Einige Tage später kamen Soldaten ins Dorf und holten alle jungen Männer in den Krieg. Den Sohn des Bauern konnten sie jedoch nicht gebrauchen, daher blieb er als einziger verschont ...

So sei es! So wird es!
melodisch
Alles wird gut, gut, gut.
Alles wird gut, gut, gut.
....

Nein!

Alles ist gut, gut, gut.
Alles ist gut, gut, gut.

Nimm nicht alles ernst, was hier geschrieben steht, sondern gib dich dem Albernen und Unerwartetem einfach mal hin. Schmunzel über dich und deine Kinder …